MARINA FRANCO

ALBERTO QUE ERA SANTOS DUMONT

ILUSTRAÇÕES
OMAR GRASSETTI

DIRETOR EDITORIAL: Raul Maia Jr.

EDITORA EXECUTIVA: Otacília de Freitas

EDITOR DE LITERATURA: Vitor Maia

ASSISTENTE EDITORIAL: Pétula Lemos

PREPARAÇÃO DE TEXTO: Carla Mello

REVISÃO DE PROVAS: Ana Paula Santos
Fernanda Umile
Gislene de Oliveira

CAPA, PROJETO GRÁFICO E ILUSTRAÇÃO: Omar Grassetti

DIAGRAMAÇÃO E ARTE-FINAL: Thiago Nieri

PESQUISA ICONOGRÁFICA: Mônica de Souza

ELABORAÇÃO DE LEGENDAS-TEXTO: Antônio Carlos Olivieri

CRÉDITO DAS FOTOS: Fundo de Pesquisa do Museu Paulista/USP

**Texto em conformidade com as novas regras
ortográficas do Acordo da Língua Portuguesa.**

**Dados Internacionais de Catalogação na Publicação (CIP)
(Câmara Brasileira do Livro, SP, Brasil)**

Franco, Marina
    Alberto que era Santos Dumont / Marina Franco ; ilustrado por Omar
Grassetti. — São Paulo : DCL, 2006.

    ISBN 978-85-368-0113-1

    1. Ficção - Literatura infantojuvenil I. Grassetti, Omar. II. Título.

06-4752   CDD – 028.5

Índices para catálogo sistemático:

1. Ficção : Literatura infantil   028.5
2. Ficção : Literatura infantojuvenil   028.5

1ª edição

Editora DCL – Difusão Cultural do Livro
Avenida Marquês de São Vicente, 1619 – 26º Andar – Conj. 2612
Barra Funda – São Paulo/SP – CEP: 01139-003
Tel.: (11) 3932-5222
www.editoradcl.com.br

*"Ao amigo Cristiano Cimino, a quem
devo a publicação do meu primeiro livro,
e a meu pai, JP, que fez de sua vida um
lindo poema (mesmo que breve).*

Obrigada por me fazerem criar asas."

Sumário

Capítulo 1

"Mãe, homem voa?"

Dudu entrou na cozinha na ponta dos pés. Sua mãe, distraída regando as plantas, nem o viu passar. Ele foi quietinho em direção ao quintal. Magrinho que era, escalou rápido o muro e subiu num segundo até o telhado. Lá em cima, respirou fundo e avistou toda a fazenda onde morava: bois pastando lá longe, seus amigos brincando de pular corda e o rio que passava do outro lado da cerca. Gostava da sensação de enxergar o mundo das alturas.

"É hoje!", pensou, sorrindo.

Aproximou-se da borda do telhado, quase, quase escorregando. Olhou para baixo sem medo. Retirou do esconderijo entre as telhas um velho guarda-chuva preto que ganhou do avô. Abriu suas asas devagar, como se estivesse conquistando o céu. Contou até três, respirou fundo e... tum! Estatelou-se no chão, dois metros abaixo.

Dudu passou três meses com tala no braço, sem poder brincar, nem correr, nem se divertir. Aprendeu que aquele guarda-chuva não o faria planar. Mas não desistiu da ideia de voar. Queria tanto ter nascido com asas de verdade...

Quando pulou do telhado, Dudu tinha oito anos e morava numa fazenda em Minas Gerais. Era o ano 1880. Naquela época, você não tinha nascido. Nem seu pai ou sua mãe existiam. Sua vovozinha também não. Sua bisavó talvez, mas devia ser pequenininha, assim como o Dudu.

Em 1880, não existia computador, nem televisão, nem telefone celular. O tempo parecia mais lento. Era como se tudo acontecesse bem devagar. Não dava para convidar um amigo para ir ao cinema, pois cinema ainda não existia. Mas, mesmo que você quisesse chamar seu amigo para um piquenique na beira do rio ou um passeio no parque, você teria de ir até a casa dele ou escrever um recado e mandar por um mensageiro, que poderia demorar dias para trazer uma resposta. Escrever um e-mail? Mandar uma mensagem pelo celular? Também não era possível. Você poderia talvez pegar carona em uma charrete ou cavalo e cavalgar por algumas horas até chegar à casa do seu amigo. As pessoas viviam assim. Já pensou nisso?

No século XIX, as invenções mais modernas eram o telégrafo e o gramofone. O telégrafo era uma espécie de telefone, mas que transmitia apenas letras, palavras e frases por meio de um código visualizado a partir de três réguas de madeira colocadas no alto de um poste. Não dava para conversar, mas pelo menos era possível enviar mensagens urgentes e cartas para quem estava em outra cidade.

O gramofone é o bisavô da vitrola, que, por sua vez, é antecessor do toca-CD. Inventado em 1888, o aparelhão reproduzia o som através de uma agulha e o ampliava em uma corneta. As vibrações sonoras eram gravadas em discos de 76 ou 80 rotações por minuto, muito diferentes dos CDs que ouvimos hoje. Mas era assim, com discos pretos, grandes e pesados, tocados em grandes gramofones, que as pessoas dançavam e ouviam música, principalmente óperas.

Fogão, micro-ondas, geladeira, aparelho de som, DVD, iPod também não tinham sido inventados. Nada. Nadinha. Voar e viajar à Lua eram sonhos distantes ou temas de livros de ficção científica. Se você vivesse naquela época e precisasse fazer um trabalho escolar, teria de consultar grandes livros e enciclopédias escritas em francês. Para se divertir, nada de videogame ou jogos no computador. As crianças brincavam na rua mesmo, rodavam pião, jogavam bola, subiam nas árvores e giravam em roda. As cidades eram muito tranquilas: o máximo de barulho que se ouvia

nas ruas vinha do canto dos pássaros. Nada de carros, nem motos, nem ônibus. Aviões, então, nem pensar! Os homens viajavam meses e meses dentro de grandes navios para chegar a outro continente. Já imaginou?

Mas Dudu achava que voar era possível. Ele adorava as histórias fantásticas de livros como *Vinte mil léguas submarinas* ou *A volta ao mundo em oitenta dias*, do escritor Júlio Verne. Nessas aventuras, os homens viajavam pelo mundo por baixo da água, criavam submarinos e outras engenhocas inimagináveis. Como isso não era possível na vida real?

A mãe do Dudu, dona Chiquinha, vivia atrapalhada com as perguntas do filho...

— Mãe, pato voa? O curió voa, né? E homem, voa?

Era cada pergunta que ela nem sabia como responder. Tudo o que sabia é que homem não voava. Imagina, claro que não! Homem não voa e ponto final.

Seu pai, o engenheiro Henrique, um desses homens sérios que trabalham construindo pontes e estradas, gostava do interesse do filho por qualquer engenhoca que via pela frente.

— Pai, como funciona a locomotiva a vapor? Como funciona um motor? Do que é feita a asa do morcego?...

O pai se divertia. Gostava das perguntas do garoto, procurava responder a todas. E Dudu adorava perguntar, saber, aprender. "Quem sabe um dia não consigo dar a volta ao mundo em um balão também?", sonhava.

Capítulo 2

Um homem e um balão

Quando Dudu tinha 15 anos, seu pai o levou para conhecer São Paulo. Antes de 1900, a cidade, de conversas à beira das janelas e passeios nos parques, era habitada por barões do café e escravos recém-libertos em busca de trabalho e recebia imigrantes europeus, orientais e visitantes de todo o mundo. Charretes puxadas por animais cruzavam as ruas.

Dudu e seu pai passeavam por uma feira de curiosidades. Havia animais como cobras e lagartos africanos, as últimas invenções da ciência, artistas de circo, contorcionistas, shows e algumas bizarrices. Dudu, muito curioso, achava tudo interessante, mas quase perdeu o fôlego quando avistou um imenso balão azul. Enorme, gigantesco — nem cabia em seus olhos! —, com uma mecha de fogo que aquecia seu interior. Ao lado, o dono da invenção, um acrobata muito divertido, preparava-se para a decolagem. Ele arrumava o balão, fazia alongamentos, esticava daqui, puxava dali, torcia acolá, até, finalmente, entrar no cesto.

Dudu observava. O homem foi jogando para fora vários sacos de areia, que faziam peso e mantinham o cesto no chão. Assim, o balão começou a subir bem devagar, levando seu ousado passageiro. Quando estava bem alto, o balão parou, segurado por uma corda que o prendia ao chão. Então, como num acesso de loucura, o acrobata se jogou lá de cima e abriu um paraquedas, que evitou que ele se esborrachasse no chão. Ele pousou tranquilamente e os espectadores aplaudiram impressionados.

Dudu mal conseguia acreditar. Sim, voar é possível! Nunca tinha visto um balão, muito menos um paraquedas, mas eles existiam. Mil ideias passavam pela sua cabeça. Ideias feitas de céu, de ar, de nuvens e asas gigantes. Por isso decidiu ali, naquela feira, que dedicaria sua vida aos balões e às máquinas voadoras. Naquela época, Dudu era apenas um adolescente, não conseguia construir um balão que pudesse carregar uma pessoa, mas ninguém podia impedi-lo de sonhar.

CAPÍTULO 3

PARIS, CIDADE ENCANTADA

Quando Dudu fez 18 anos, sua família se mudou para Paris, na França. Ele estava muito feliz, pois adorava conhecer lugares diferentes.

Paris era uma festa. Capital do mundo, metrópole que respirava arte, cultura e vida. Em suas ruas e vielas havia muitos cafés, teatros, casas de chá e restaurantes. A avenida Champs-Elysées, a mais importante da cidade, estava muito colorida naquela primavera de 1891.

Dudu já não era mais um menino. Ele crescera e virara Alberto. Não tinha desistido da ideia de voar e passava horas planejando, construindo asas, balões de papel e planadores.

Logo que chegou a Paris, Alberto visitou a exposição do Palácio das Indústrias. Grandes máquinas, engrenagens, motores, parafusos, ferramentas. Rapidamente, a exposição tornou-se um de seus lugares preferidos. Era ali que podia encontrar as maiores invenções tecnológicas de sua época. Foi ali que viu um motor de combustão interna e soube que aquele tipo de motor era usado em automóveis.

— Auto o quê? — perguntou.

Automóvel. Uma invenção recentíssima, última moda na Europa. Existiam poucos automóveis pelas ruas de Paris. Ninguém sabia o que era aquela geringonça movida por um motor a petróleo, que era capaz de transportar o homem sem o uso de animais na incrível velocidade de 10 km/h. Inacreditável! Um motor muito mais leve do que o dos trens. Alberto ficou impressionadíssimo com a novidade, pensando que o motor talvez pudesse um dia ser usado numa máquina que voasse.

Por isso, com a ajuda do pai, Alberto comprou um automóvel e foi um dos primeiros a andar motorizado pela cidade. Todos olhavam com curiosidade quando ele cruzava veloz o passeio público.

Mas os olhos dos outros não interessavam a Alberto. Ele comprara a máquina para pesquisar, estudar. Não queria ficar em terra firme. Queria que seu carro tivesse asas.

Assim, ele começou suas pesquisas. Não sabia onde poderia chegar, mas começar já era meio caminho andado.

Capítulo 4

"Eu queria morar num balão!"

Alberto passava os dias trancado no quarto ou na oficina, pensando, calculando, testando, construindo. Só saía de casa para buscar mais informações para sua pesquisa. Procurou professores e mestres para ajudá-lo, mas parecia que nada funcionava. As asas que construía eram um desastre! Seus balões não saíam do chão. Será que a lei da gravidade era mais poderosa que seu sonho? De repente, teve uma ideia:

— Eu preciso dar uma volta num balão! Só voando de verdade conseguirei avançar nos meus projetos! — pensou alto.

E saiu pelas ruas de Paris em busca de um passeio aéreo ou uma pequena subida, o que fosse. Só sabia que precisava daquela experiência.

Procurou um pesquisador que tinha construído um balão, Monsieur Gerard, que dedicava todo o seu tempo a pesquisar máquinas voadoras. Assim como Alberto, ele só pensava em estar nas alturas.

— Bom dia, Monsieur Gerard. Eu gostaria de passear no seu balão... — disse Alberto, cheio de coragem.

— Olá, meu jovem! Quer subir? Tudo bem, tudo bem. Vejamos. Tenho algumas condições: você se responsabiliza pelos estragos se o balão cair. Além disso, são mil francos pelo serviço — pediu.

Alberto não aceitou. Já sabia que, da última vez que decolara, Monsieur Gerard havia derrubado a chaminé de uma fábrica. Outra vez, descera em cima da casa de um camponês, incendiando-a quando o gás do balão entrou em contato com a fumaça da chaminé.

"E agora, Alberto? O que fazer?", perguntou-se.

Desistiu do passeio, mas continuou suas pesquisas.

Poucos dias depois da frustrada tentativa de voar de balão, Alberto recebeu em casa, de presente, um livro de um engenheiro que nem conhecia, chamado Lachambre. Nesse livro, o engenheiro revelava que ele mesmo tinha conseguido construir um pequeno balão e que o aeronauta que nele voava já tinha subido várias vezes, sem enfrentar problemas na aterrissagem. Finalmente, uma luz! E Alberto foi ao encontro do engenheiro.

Lachambre era um homem alto, esguio e meio caladão. Alberto também não era muito falador, por isso não enrolou, foi direto ao assunto. Marcou a subida para a mesma hora. O homem aceitou a proposta e eles partiram para o local onde estava o balão.

Alberto sentia um friozinho na barriga. Estava para viver o momento mais emocionante de sua vida. Uma chama esquentava o ar do interior do balão. Alberto entrou no cesto. Estava feliz e um pouco nervoso, não sabia como seria sua viagem. Mesmo conhecendo os riscos, sentia-se atraído pelo aprendizado. Lachambre soltou as cordas e o grande balão, aos poucos, deslocou-se do chão. Alberto foi subindo devagar e, quando viu, estava no céu de Paris. Sentia-se no alto de seu sonho.

— Paris vista aqui de cima é ainda mais fascinante. Eu queria morar num balão! — disse. E, sem pensar, soltou um longo grito de felicidade.

Era inverno, os arredores da cidade estavam cobertos de neve. Alberto observava cada movimento do balão, sua estrutura, seu modo de voar. O pouso foi perfeito, numa área próxima dali. Alberto desceu com a impressão de que tinha aprendido muito, mas sabia que teria muito trabalho pela frente. O próximo passo seria construir seu próprio balão.

Capítulo 5

O dia em que o Brasil decolou

"Construir um balão. Construir um balão." Alberto trabalhava sem parar no novo projeto. Estudava, fazia contas, testava, moldava, errava e acertava. E errava de novo. E consertava. E fazia e desfazia e refazia. Depois de muita pesquisa, terminou o desenho e encomendou a construção de um balão diferente: mais leve e compacto (cabia numa mala!). Numa manhã de outono, ele finalizou o que seria seu primeiro balão.

— Vamos colocá-lo no ar imediatamente!!! — disse, entusiasmado, partindo direto para o Campo de Bagatelle.

Esse campo era o lugar de onde decolavam os balões. Naquele dia, especialmente, estava cheio de curiosos. Alberto chegou com seus ajudantes para montar sua máquina. Era um balão menor que os outros e Alberto o chamou de "Brasil".

— Brasil? Onde será que fica o Brasil? — as pessoas perguntavam-se.

Alberto chegou sossegado, não deu atenção ao burburinho que se formou no local, encheu o balão, entrou no cesto e disse:

— Soltem as cordas!

E assim foi feito e todos viram o "Brasil" decolar. O balão subiu, subiu, subiu e... sumiu!

Lá em cima, Alberto controlava sua invenção e observava o que se passava. Pela primeira vez, entrou numa corrente de ar, que o levou para bem alto. O vento era tão forte que ele mal conseguia abrir os olhos. Lá embaixo, os homens pequenininhos; lá em cima, as estrelas...

— Estrelas? — espantou-se.

Começava a anoitecer, e ele tinha perdido a noção do tempo. Nem sabia mais que parte da França estava sobrevoando. Estava perdido.

Sentou no cesto por um instante para decidir o que fazer. Pensou, divagou, sonhou. Encostou a cabeça e acabou adormecendo...

Acordou com o balão caindo, perdendo altura rapidamente. Alberto tinha dormido por horas, e o dia amanhecia. O sol refletia no imenso gramado verde que ele via lá embaixo.

Não teve muito tempo para pensar: numa manobra brusca, conseguiu evitar a queda e o balão aterrissou no gramado, cambaleante, batendo numa árvore.

Alberto saiu do balão sentindo-se meio torto, meio flutuante, meio terra, meio ar, estava um pouco confuso. De repente, viu aproximar-se uma camponesa cercada de ovelhas. Ela chegou assustada, pois tinha visto aquele homem cair do céu.

— Bom dia, minha senhora. Poderia me dizer em que parte da França eu estou? — perguntou educadamente.

A camponesa arregalou os dois grandes olhos azuis:

— Meu senhor... o senhor está na Bélgica!

Capítulo 6

Celebridade em Paris

Depois da experiência de voar mais de 12 horas num balão, cair em outro país e voltar à França são e salvo, Alberto ficou famoso em Paris.

— Ele está vivo, mas como? — comentavam as pessoas nas ruas.

Os boatos corriam soltos. Diziam que ele havia entrado no centro de um furacão, que o balão dera oito piruetas no ar, despencara e que, por um milagre, o ousado aeronauta sobrevivera.

Isso era apenas o começo. Alberto era agora um inventor capaz de criar máquinas potentes e revolucionárias. Voltou à sua oficina, pois ele queria mais do que voar num balão. Para isso, eram necessários muito trabalho e pesquisa, ele sabia.

E começou a aperfeiçoar suas invenções, uma após a outra, e criou o Nº 2. A engenhoca já não parecia um balão, assemelhava-se mais a um charuto enorme e podia — ainda que de maneira limitada — ser guiada pelo condutor, por isso recebeu o nome de dirigível. Mas esse foi um fiasco! Nem bem decolou e caiu em cima das árvores do Campo de Bagatelle. Todos ficaram desconsolados, menos Alberto, que sabia que a vitória dependia de algumas derrotas pelo caminho.

Criou também o dirigível Nº 4 e com ele passeava pelo céu de Paris. Ia e voltava, acenava para as crianças, subia e descia. Um sucesso!

Em 1900, Alberto criou um novo modelo. Um dirigível no qual o piloto ia sentado à frente, num selim, e utilizava um guidão para as manobras. A cada invenção, ele melhorava suas máquinas. E foi assim com as de número 5, 6, 7, 9 (ops! Ele pulou o número oito porque não gostava muito dele!).

O número 9, que ele chamava de Balladeuse, era o meio de transporte pessoal de Alberto. Isso mesmo: ele ia à padaria, à biblioteca, à oficina, à charutaria, à casa dos amigos, tudo pelos ares! As pessoas em Paris achavam divertido. O rapaz chegava voando, aterrissava em frente ao bar, descia calmamente, arrumava o paletó e pedia um café ao garçom, como se homens descessem do céu todos os dias.

Capítulo 7

14 Bis

Alberto acordou diferente naquele dia. Não tomou café, não queria comer. Foi para a oficina e trabalhou o dia inteiro, sem parar. Estava havia algum tempo planejando uma nova invenção e acabara de concluí-la. Sonhou durante a noite que voava como um pássaro, com grandes asas, e usava óculos especiais para se proteger do vento, que batia forte em seu rosto.

Sua nova invenção chamava-se 14 Bis.

Seu sonho já não era mais impossível. Alberto realmente acreditava que um dia criaria um aeroplano forte o suficiente para decolar e leve o suficiente para planar. Nada mais de balões, de dirigíveis, de máquinas que dependessem do vento. Não poderia mais ir apenas aonde o vento mandava. Queria ser independente, livre.

— Como um automóvel! Um carro com asas! — dizia.

Era julho de 1906 quando Alberto construiu o dirigível 14º e logo depois o 14 Bis. Eles foram criados ao mesmo tempo, pois a ideia de Alberto era que o 14º puxasse o 14 Bis, que já tinha o formato de um pequeno aeroplano. Sua máquina voadora tinha um motor movido a gasolina e trazia grandes asas nas laterais, que lembravam as de um pássaro, mas não tinha força para decolar sozinha. Precisava ser puxado para o alto, trabalho feito pelo balão. Alberto fez vários testes, até que decidiu tentar voar somente com o 14 Bis, sem ser puxado pelo dirigível.

— Não, não vai subir — era o que se comentava em Paris.

No dia 7 de setembro de 1906, dia marcado para a ascensão da nova invenção de Alberto, o Campo de Bagatelle estava lotado. Todos observavam impressionados a nova máquina do aeronauta. Era praticamente impossível que conseguisse subir e, se subisse, não poderia permanecer muito tempo no alto. Infelizmente as pessoas acertaram.

Alberto subiu no 14 Bis e, quando ligou o motor, o avião deu um súbito salto de dois metros de altura e voltou para o chão. Nada de vento batendo no rosto, nem nuvens, nem pássaros. E agora? Desistiria de voar? O sonho escorria pelos dedos de Alberto. Mas ele não desistiria tão cedo. Mais uma vez o inventor voltou com sua equipe à oficina para aperfeiçoar o pequeno avião. Um mês depois, anunciou para a cidade de Paris uma nova tentativa de voar.

— Mas será que ele não se cansa? — comentava o público eufórico do Campo de Bagatelle.

Alberto nem olhava para a plateia, estava concentradíssimo em sua missão. Anunciou o início do voo e ligou o motor do avião. Leve como um pássaro (apesar de um pouco

desengonçado!), o 14 Bis correu pelo solo e levantou voo. A multidão observava em silêncio. Ele percorreu a distância de 60 metros a 3 metros de altura, durante 7 segundos. Voava! Um voo rápido que entraria para a história. Emocionadas, as pessoas aplaudiam o grande feito sem parar.

Naquele momento, Alberto lembrou-se de quando era criança e pulava de telhados e corria empinando pipa. Pela primeira vez um homem voava numa máquina mais pesada que o ar. O pequeno Dudu voltou e Alberto finalmente sentia o que buscava quando saltou do telhado com o guarda-chuva: a sensação de voar de verdade.

Assim, no entardecer de 23 de outubro de 1906, o jovem Alberto Santos Dumont acabava de inventar o avião.

Voe pelas páginas da história de Santos Dumont

Alberto Santos Dumont nasceu na fazenda Cabangu, no dia 20 de julho de 1873. Como os meninos daquele tempo, ele também gostava de brincar ao ar livre, correr e aprontar das suas. A fazenda fica na serra da Mantiqueira, em Minas Gerais, numa cidade inicialmente chamada Palmira, que mais tarde mudou o nome para Santos Dumont – em homenagem a ele. A fazenda Cabangu ainda existe; agora, transformada em Museu da Casa Natal de Santos Dumont, conservando a memória de seu morador.

Santos Dumont gostava muito do pai, o engenheiro Henrique Dumont, homem trabalhador e cheio de energia. Seu Henrique trabalhou na construção da estrada de ferro Central do Brasil. Depois se tornou fazendeiro e ganhou muito dinheiro com plantações de café. Ele sempre acreditou nos sonhos e nas ambições do filho. Santos Dumont certa vez declarou: "Tudo devo a meu pai: conselhos, exemplos de trabalho, de audácia, de economia, sobriedade e os meios com os quais pude realizar as minhas invenções".

A mãe de Alberto, dona Francisca, casou-se com Henrique Dumont no dia 6 de setembro de 1856, na Freguesia de Nossa Senhora do Pilar, em Ouro Preto. Além de acompanhar o marido nas andanças para a construção da ferrovia, ela cuidou de Alberto e de seus outros filhos com muito carinho. Ao todo eram oito crianças, cinco meninas e três meninos. Alberto gostava de brincar com seus irmãos. Nas festas de São João, ele enchia balões de papel e ficava admirando o modo como subiam.

Santos Dumont não era só inventor e corajoso, mas também um homem muito elegante. Gostava de se vestir bem, com ternos bem cortados, camisas de colarinho alto e gravatas de seda. Foi ele quem inventou o famoso chapelão de abas voltadas para baixo. Sempre em trajes impecáveis, sua figura, apesar de franzina, mostrava um porte altivo que chamava a atenção das pessoas. Santos Dumont inventou também o relógio de pulso. Com os relógios de bolso, usados até então, era impossível controlar o tempo durante o voo. Sua invenção foi rapidamente incorporada pelo relojoeiro Cartier, tornando-se moda na França e depois no mundo inteiro.

O balão Brasil atravessou Paris, em 1898, como uma grande bola de sabão. Para construí-lo, Santos Dumont usou uma seda do Japão, extremamente leve. Calculou o peso do tecido, depois de envernizado, o peso do hidrogênio puro para deslocar essa seda, um cesto pequeno e um saco de lastro para passar algumas horas no ar. Somou seu próprio peso: 50 quilos. Pensaram que ele era doido, mas o balão subiu. Foi seu primeiro balão. Era tão pequeno que diziam que Santos Dumont viajava com ele dentro da mala.

O primeiro aparelho dirigível inventado por Santos Dumont foi o dirigível Nº 1, um balão comprido, em forma de charuto, que possuía um motor. Antes de levar seu dirigível Nº 1 aos ares, em 1898, Santos Dumont fez muitos cálculos e experiências. Chegou a comprar um triciclo movido a petróleo e pendurá-lo num galho de árvore: percebeu que o motor funcionava muito bem, sem trepidar. Foi assim que teve a ideia de colocar um motor num balão. Começava sua vida de inventor de máquinas de voar.

Olhando para o futuro, Santos Dumont sempre acreditou em seus sonhos. Em 1901, parecia estar muito seguro no cesto de comando de seu dirigível Nº 5. O aviador contou que, auxiliado por alguns amigos e por seus mecânicos, levou o aparelho para o hipódromo de Longchamps, em Paris. Depois de subir aos ares, sentiu como o dirigível era dócil a seu comando. Começou a fazer com ele pequenos círculos e foi até um bairro distante, passando por cima de várias indústrias. De repente, ouviu um barulho incrível: eram as sirenes das fábricas acionadas para saudar sua passagem.

Santos Dumont executava manobras com o dirigível Nº 5 quando resolveu fazer a volta na torre Eiffel, em Paris. Foi um sucesso! A multidão gritou de alegria, jogando os chapéus para o alto e saudando aquele que seria mais tarde conhecido como o pai da aviação. Depois de fazer a volta, diminuiu a velocidade do motor e pousou suavemente. A imprensa anunciou ao mundo inteiro que Santos Dumont tinha resolvido o problema da dirigibilidade dos balões, que passaram a obedecer ao comando do piloto e se mover horizontalmente. Até então eles só podiam subir ou descer.

Em 1903, Santos Dumont projetou uma espécie de "ônibus espacial": o dirigível Nº 10, que podia levar até 20 pessoas. Para transportar toda essa gente, ele precisava carregar 200 metros cúbicos de hidrogênio. Santos Dumont já previa que em alguns anos haveria aparelhos para o transporte comercial de pessoas. E também cogitava que os aviões teriam muitos usos, só não os imaginou para fins militares, como aconteceu na Primeira Guerra Mundial. Quando estourou a Primeira Guerra e sua invenção foi empregada em bombardeios, ele sentiu-se extremamente culpado e infeliz.

O dirigível Nº 14 tinha a forma romboide e formava um belo desenho no céu. Com esse aparelho, Santos Dumont fez testes e mais testes de manobras pelo ar. O balão era bem diferente dos primeiros dirigíveis inventados por ele – em forma de charuto e difíceis de manejar. O Nº 14 foi o último balão criado por Santos Dumont, em 1906. Ele foi acoplado ao 14 Bis, para ajudar o aviador a treinar os movimentos do novo aeroplano. Dia a dia ele aprendia mais um pouco, até que se desfez do balão. Já sabia e podia dirigir um aeroplano mais pesado do que o ar!

Essa foto foi publicada com destaque na revista *Ilustrated London News*, na edição de 24 de novembro de 1906. Perante uma comissão científica do Aeroclub e de uma multidão, Santos Dumont provou que o homem era capaz de voar. O 14 Bis decolou no Campo de Bagatelle, em 23 de outubro de 1906, e conseguiu voar uma distância de 60 metros. Quem assistia à cena espantosa mal podia acreditar no que via. Um aparelho mais pesado do que o ar, capaz de se elevar do solo e se deslocar por seus próprios meios!

Você já reparou nas asas de uma libélula? São delicadas e transparentes. Depois do sucesso do 14 Bis, Santos Dumont inventou um aparelho pequeno, do qual gostava muito. O minúsculo Demoiselle era um aeroplano ideal para amador, por ser leve e fácil de dirigir. Em fins de 1908, o avião foi apresentado ao público, em Paris. Santos Dumont costumava passar as tardes passeando pela cidade e chegava a descer na casa de amigos para um café. O Demoiselle era oito vezes menor do que o 14 Bis e a superfície das asas media dez metros quadrados. Em francês, *demoiselle* significa *senhorita*, mas também *libélula*.

Sou Marina Franco. Tenho 27 anos e sou escritora, jornalista e atriz. Lancei meu primeiro livro, *As Descobertas de Paulinho na Metrópole*, em 2004, pela Editora DCL. Depois de uma temporada em São Paulo, resido atualmente em Campinas, minha cidade natal, onde trabalho como jornalista e realizo projetos com teatro infantil e literatura. Esta é a minha segunda empreitada na literatura infantojuvenil, e espero continuar escrevendo livros para crianças para sempre. Sou mãe de João, de 1 ano e meio, e acredito que ser mãe me faz escrever melhor. Assim como Santos Dumont, sou apaixonada por aquilo que faço e nunca deixo de ir atrás de meus sonhos – mesmo que às vezes pareçam impossíveis.

Sou Omar Grassetti e, na minha infância, ouvia meu pai contar histórias sobre a cidade de São Paulo dos anos 1920 e 1930: revoluções, a passagem do dirigível Zeppelin e do Jahú, o primeiro avião que vi de perto, que em 1927 cruzou o Atlântico partindo de Gênova rumo a Santo Amaro.

A folha em branco do caderno da escola era um espaço infinito e livre para a imaginação, e não demorava muito para ser preenchida com desenhos de aviões. Nasciam ali as duas grandes paixões que iriam me acompanhar durante toda a vida: a arte e a aviação. O fascínio por Santos Dumont e suas realizações foi inevitável.

Para ilustrar este livro pesquisei desde as roupas, meios de locomoção e as construções da Paris do início do século **XX** até tudo que se referisse a Santos Dumont e seu estilo de vida, e não pude deixar de pensar naquele outro menino que me acompanha até hoje e que sonhava olhando para os aviões que voavam naquele céu distante, porém ainda muito vivo, da minha infância.